Harry Potter

À L'ÉCOLE DES SORCIERS™

ALBUM D'AFFICHES

WORLDWIDE PUBLISHING™

Les éditions Scholastic

HOGWARTS EXPRESS 5972

™ et © Warner Bros.

™ et © Warner B

ISBN 0-7791-1591-0
Titre original : Harry Potter and the Sorcerer's Stone Poster Book

7 6 5 4 3 2 1   Imprimé au Canada   02 03 04 05